I0060767

Rekru-Tier
www.rekrutier.de

„Ein Gramm Vorbild
wiegt immer noch mehr
als ein Pfund Worte!"

Rekru-Tier
MLM Trickkiste

Repräsentieren hilft beim Rekrutieren

Wie Sie durch ein perfektes Image Ihre Erfolgsquoten dramatisch verbessern!

Inhalt

Vorwort 5

Was den Repräsentanten eines Geschäfts
ausmacht 9

Auszeichnungen: Repräsentations- und
Führungsinstrument 20

Erfolglosigkeit bringt Sie auf Dauer
in Erklärungsnot 32

Authentizität ist das Geheimnis des Erfolgs 41

Repräsentieren Sie nicht nur, sondern
leben Sie Ihr Thema! 47

Nachwort 62

Vorwort

Liebe Networker, liebe Vertriebler,
bei unseren Recruiting-Tipps handelt es sich um über mehrere Jahre gesammelte Strategien und Vorgehensweisen, die wir allesamt persönlich und erfolgreich in der Praxis ausprobiert haben und von deren Gelingen wir fest überzeugt sind.

Sehen Sie unsere Ideen als Inspiration für Ihr eigenes Tun und lassen Sie sich mitreißen von neuen und erfrischenden Gedanken. Wir wissen mittlerweile aus eigener Erfahrung, dass beim Geschäftspartneraufbau in Vertrieb und MLM nicht nur Fleiß und Arbeit mittel- und langfristig zum Erfolg führen, sondern vor allem Fantasie und Vorstellungskraft sowie die Anwendung von neuen Strategien – manchmal auch von ungewöhnlichen und „bauernschlauen" Strategien!

Gerade beim Rekrutieren und Sponsern von neuen Partnern sind wir jeden Tag und immer wieder aufs Neue gefordert, denn es gibt unheimlich viele Variablen, die über Erfolg und Misserfolg entscheiden können. Der Grat zwischen Triumph und Niederlage ist ziemlich schmal, denn bei der Arbeit mit Menschen gibt es relativ wenige Standards.

Wer die Menschen von heute mit den Strategien von gestern oder gar vorgestern gewinnen will, wird relativ schnell an seine Grenzen kommen. Bleiben Sie deshalb ständig in Bewegung und entwickeln Sie sich mit!

Bitte beachten Sie Folgendes:
Was bei dem einen funktioniert, kann beim anderen wirkungslos bleiben.
Genau das macht das Gewinnen von neuen Geschäftspartnern so interessant und oftmals auch zu einer Herausforderung. Wir haben es bei Menschen immer wieder mit vollkommen verschiedenen Persönlichkeitstypen zu tun, Lebensumstände sind niemals gleich, Ort und Zeit einem schnellen Wandel unterlegen, und das, was gestern noch funktioniert hat, ist heute schon Schnee von gestern oder umgekehrt.

Deswegen müssen wir immer wieder „unsere Säge" schärfen, über den Tellerrand hinausblicken und vor allem in der Praxis TUN und ausprobieren, was zu uns passt!

Und es gibt noch einen sehr wichtigen Aspekt, vielleicht sogar den wichtigsten, den Sie sich bei Ihrer Arbeit immer wieder vor Augen halten müssen.

Beim Rekrutieren und Sponsern entscheidet nicht die angewandte Methode darüber, ob etwas funktioniert oder nicht, sondern der- oder diejenige, die sie kontinuierlich und mit Überzeugung anwendet.

Wir wünschen Ihnen von ganzem Herzen, dass Sie mit unserer Hilfe eine Recruiting-Strategie finden, die zu Ihnen passt, mit der Sie sich identifizieren können und die Sie erfolgreich im Tagesgeschäft anwenden werden!

Kontaktstark grüßt Sie Ihr REKRU-Tier
Tobias Schlosser

Was den Repräsentanten eines Geschäfts ausmacht

Ich weiß nicht, wie lange Sie schon im Network-Marketing oder Vertrieb tätig sind, aber mit großer Wahrscheinlichkeit haben Sie schon einmal folgende Erfahrung gemacht:

Sie versuchen mit sehr großer Anstrengung und Fleiß, neue Partner zu gewinnen. Sie machen unheimlich viele Kontakte, Sie telefonieren, bis der Arzt kommt, und absolvieren pro Woche sogar ein Dutzend persönliche Gespräche, wobei es Ihnen mit viel Mühe gelingt, gerade mal einen neuen Partner für Ihr Geschäft zu gewinnen. Irgendwie sind Sie unzufrieden mit Ihren Erfolgsquoten.

Sie machen sich Gedanken über die Optimierung Ihres Sponsorgespräches und bitten deshalb eine Top-Führungskraft aus Ihrer Upline um Unterstützung. Je nachdem wie nah oder weit Sie in der Strukturfolge von dieser Führungskraft entfernt sind und je nachdem welches persönliche Verhältnis Sie zu ihr haben, wird diese sicherlich einwilligen, Sie zu unterstützen und ein paar Gespräche für Sie zu führen. Das Ganze läuft unter dem Motto: Sie machen die Kontakte und terminieren die Sponsorgespräche und Ihre Top-Führungkraft führt die persönlichen Gespräche mit den Interessenten!

So weit zum Deal. Zur Erinnerung: Sie haben zwölf persönliche Gespräche gebraucht, um einen Partner zu gewinnen. Deswegen terminieren Sie nun auch zwölf Kandidaten für die Gespräche mit Ihrer Upline, um ein repräsentatives Vergleichsergebnis zu erhalten.

Nachdem alle Gespräche durchgeführt worden sind, ziehen Sie gemeinsam mit der Top-Führungskraft Bilanz und siehe da: Aus zwölf Terminen sind sage und schreibe sechs neue Partner eingeschrieben worden, das heißt fünf mehr als bei Ihren zwölf Gesprächen.

Sie sind hocherfreut über die phänomenale Quote und wollen natürlich das Erfolgsgeheimnis Ihrer Top-Führungskraft wissen.

Ja, auch Sie wollen endlich das Super-prima-Geheimwaffen-Erfolgsgarantie-Sponsorgespräch kennenlernen. Deshalb stellen Sie Ihrer Führungskraft folgende Frage:

Mensch, wie hast du denn das gemacht? Was hast du denen erzählt, dass du so viele einschreiben konntest?

Die Antwort, die Sie jetzt bekommen, wird Sie schier aus den Latschen hauen, denn es ist sicher nicht die, die Sie erwartet haben. Sie lautet:

Ach, gar nicht viel! Wir haben überhaupt nicht so lange und intensiv über das Geschäft gesprochen. Einen habe ich mit dem Porsche von zu Hause abgeholt, mit einem anderen bin ich gemeinsam an meinen Teich zum Angeln gegangen, mit dem dritten bin ich im Hotel Mandarin Oriental zum Abendessen gewesen, dem vierten habe ich einen Monatsscheck / eine Verdienstabrechnung über 141 500 Euro gezeigt, dem fünften habe ich bewiesen, dass man mit der schwarzen American-Express-Kreditkarte überall hineinkommt, auch ohne auf der Gästeliste zu stehen, und mit dem sechsten habe ich nur Bilder von der letzten Firmenreise in die Südsee angeschaut! Mehr haben wir eigentlich gar nicht gemacht! Übrigens, die anderen sechs Termine sind ausgefallen …!

Wenn Ihnen jetzt der Mund offen steht, dann geht es Ihnen genauso wie mir damals, denn der Typ, dem das tatsächlich passiert ist, bin ich!
Die Quintessenz aus diesem und einigen ähnlichen Erlebnissen ist folgende:

Der Teufel scheißt immer auf den größten Haufen!

Gerade als Anfänger können Sie quatschen, bis Ihnen und dem Interessenten schwarz vor Augen

11

Ein Gramm Vorbild wiegt immer noch mehr als ein Pfund Worte!

wird, Sie werden diese Super-Sponsorquote wahrscheinlich in Ihrem aktuellen Zustand nie erreichen, denn: Ein Gramm Vorbild wiegt immer noch mehr als ein Pfund Worte!

Natürlich habe ich mir Gedanken gemacht, woran es liegen könnte, dass meine Quoten nicht so gut waren, und nach relativ kurzer Zeit bin ich tatsächlich zu einer erleuchtenden Erkenntnis gekommen: Ich war noch nicht erfolgreich genug, um eine bessere Sponsorquote zu haben.

Nichts ist erfolgreicher als der Erfolg und nichts rekrutiert/sponsert besser als der Erfolg! Punkt!

Top-Networker ziehen Interessenten magisch in ihren Bann und gewinnen neue Partner fast allein dadurch, dass sie *repräsentieren,* und zwar den gelebten Erfolg!
Wie ich das herausgefunden habe, kann ich Ihnen ganz genau erklären.

Ich durfte vielen Gesprächen beiwohnen, in denen neue Partner von Top-MLMern gewonnen wurden. Das, was ich dabei zu hören bekam, war oftmals gar nichts Besonderes. Teilweise sogar erschreckend und schockierend in Bezug auf die Gesprächsführung,

sodass ich meine Hände über dem Kopf zusammen-
schlug. Ich fragte mich oft, warum die Interessenten trotzdem einstiegen. Ich tappte sogar in die Un-
gerechtigkeitsfalle und war der Meinung, wenn es
einen Vertriebsgott gab, dann war der sehr, sehr,
sehr ungerecht mit mir. Mein Gespräch war inhalt-
lich mindestens genauso gut, wenn nicht noch besser! Ich war viel routinierter, wesentlich besser vertraut mit den Fakten und der Materie und ich war
wesentlich fleißiger. Trotzdem waren meine Ergeb-
nisse schlechter.

Warum sie schlechter waren, ist mir dann doch relativ schnell klar geworden: Ich selbst hatte meinen
Arsch einfach zu weit unten, ich hatte zu wenig vor-
zuweisen oder anders herum ausgedrückt, mein Leben war zu jenem Zeitpunkt wahrscheinlich für andere noch nicht erstrebenswert genug.

Meine bereits erwähnte damalige Top-Führungskraft führte ein für viele Menschen sehr begehrens-
wertes Leben mit allem, was man sich so wünscht!
Dazu gehörten zum Beispiel mehrere tolle Autos, ein
eigener See, eine unlimitiert belastbare Kreditkarte,
fünfmal Urlaub im Jahr (viermal davon auf Firmen-
kosten), ein kontinuierlich fünfstelliges Monatsein-
kommen, super Designerklamotten, und das alles

mit noch nicht einmal 30 Jahren! Deshalb auch die guten Sponsorquoten!

Dass dies kein Einzelfall war, bestätigen mir heute immer wieder zahlreiche Networker, die von den erfolgreichen Top-Leadern ihres jeweiligen Partnerunternehmens berichten. Diese wollen oftmals gar keine neuen Partner mehr im direkten Bereich (Firstliner oder Erstlinien) sponsern, weil sie sich um andere, vielfach auch administrative Dinge kümmern müssen. Trotzdem drängen sich diesen Top-Leuten neue Interessenten immer wieder regelrecht auf.
Ich habe mir sogar sagen lassen, dass es Top-Vertriebler gibt, die von Interessenten angerufen und um einen Vorstellungstermin zur Einschreibung gebeten werden.

Wir halten an dieser Stelle deswegen meine folgende These fest:

Je erstrebenswerter Ihr Leben für andere Leute ist, desto leichter wird es Ihnen fallen, diese Menschen für Ihr MLM-Geschäft zu begeistern!

Hier stellt sich nun folgende Frage: Führen Sie ein sexy Leben? Leben Sie so, wie es die meisten wollen und wie es für die breite Masse begehrenswert ist?

Jetzt werden Sie sagen: Natürlich noch nicht, sonst hätte ich ja nicht im Vertrieb oder Network angefangen! Aber, und genau darum soll es auf den folgenden Seiten gehen, Sie können jeden Tag daran arbeiten und Sie sollen sich ab heute bei allem, was Sie tun, immer wieder folgende Fragen stellen:

? Bin ich der Repräsentant meines Geschäftes?

? Bin ich ein guter Repräsentant meiner Firma?

? Verkörpere ich in so vielen Situationen wie möglich einen Erfolgsmenschen?

? Stehe ich für Erfolg?

Diese Fragen sollten Sie bei allem, was Sie tun, im Hinterkopf behalten. Sie stehen nämlich unter ständiger Beobachtung, und es ist nicht nur der Fleiß, mit dem Sie Leute für sich und Ihr Business gewinnen werden. Sie werden andere Menschen vielmehr mit der magischen Aura des Erfolges in Ihren Bann ziehen, mehr noch als mit Worten.

Sie werden von Ihrer Familie beobachtet, von Ihren Freunden, Verwandten, Bekannten, Arbeitskollegen und natürlich auch von Ihren Partnern und vor allem von Ihren Interessenten. Egal, was Sie tun, Sie müssen immer den prüfenden und kritischen Blicken Ihres persönlichen Umfeldes standhalten.

Seien Sie sich bewusst, dass Sie ständig abgecheckt werden und sich bewähren müssen.
Mehr noch, Sie müssen dem prüfenden Auge nicht nur standhalten, sondern Sie sollten es förmlich ergötzen. Sie müssen immer wieder ein Stückchen mehr dafür sorgen, dass es zu einem wahren Augenschmaus wird, Sie zu beobachten. Egal, ob aus der Nähe oder aus der Ferne. Egal, was Sie auch tun.

Es muss Spaß machen, an Ihrem Leben teilzunehmen. Es muss erstrebenswert sein, wie Sie zu sein. Den Leuten muss förmlich das Wasser im Mund zusammenlaufen, wenn sie Sie beobachten. Sie müssen jeden Tag ein Stückchen mehr von diesem „dolce vita" leben, das sich jeder wünscht. Jeden Tag einen Millimeter mehr.

Fangen Sie heute damit an, ein begehrliches Leben zu führen, und verbessern Sie es jeden Tag ein bisschen. Sie müssen es nicht über Nacht ändern, wichtig ist, dass Sie die Verbesserung stetig und kontinuierlich leben. Zeigen Sie allen, dass es Ihnen in und mit Ihrem Geschäftsmodell gut geht. Fangen

Sie heute mit ein paar neuen Schnürsenkeln an, machen Sie morgen weiter mit einem faltenfreien Hemd, dynamisieren Sie Ihren Gang, benutzen Sie ein sexy Parfüm, reden Sie selbstbewusster, putzen Sie Ihren Wagen, sprechen Sie begeisterter, machen Sie einen Termin pro Woche mehr als sonst, kaufen Sie sich ein schicke Uhr, lernen Sie eine zusätzliche Fremdsprache, gehen Sie öfter zum Sport, bringen Sie Ihrer Frau Blumen mit nach Hause, ziehen Sie in eine modernere Wohnung, lernen Sie, in der gleichen Zeit mehr zu schaffen als sonst, fangen Sie an, Bücher zu lesen, kaufen Sie sich einen guten Anzug, suchen Sie öfter Kontakt zu erfolgreichen Menschen, ernähren Sie sich gesund, steigern Sie im nächsten Monat Ihren Verdienst um 30 Prozent, machen Sie tolle Wochenendausflüge, laden Sie öfter Freunde ein, hören Sie auf zu rauchen, hängen Sie einen Urlaub pro Jahr zusätzlich dran, arbeiten Sie nur noch Teilzeit in Ihrem Hauptjob, schicken Sie Ihre Kinder auf eine bessere Schule, leisten Sie sich eine Haushälterin / einen Haushälter, kaufen Sie in besseren Geschäften ein, holen Sie Ihre Interessenten mit dem Porsche ab, gehen Sie mit ihnen am eigenen See angeln, führen Sie Ihre Sponsorgespräche im Hotel Mandarin Oriental, überzeugen Sie Interessenten mit einer Monatsabrechnung in Höhe von 141 500 Euro, sorgen Sie dafür, dass Sie mit Ihrer

schwarzen Amex überall hineinkommen und blät-
tern Sie mit Ihren Interessenten in den Fotoalben, in
denen Sie Ihre Weltreisen dokumentiert haben.

Das ist alles! Mehr nicht!

Seien Sie sich immer bewusst, dass genau der Fak-
tor konstant gelebter Erfolg einer der wesentlichen
Erfolgsbeschleuniger ist. Natürlich müssen Sie, und
das ist Gesetz, gerade am Anfang Ihren fehlenden
Status durch viel Fleiß, Fleiß und nochmals Fleiß aus-
gleichen. Daran kommen Sie nicht vorbei. Aber zumindest ist Ihnen jetzt schon einmal klar, worum es
letzten Endes geht!

Auszeichnungen: Repräsenta-tions- und Führungsinstrument

Lassen Sie mich an dieser Stelle einmal konkret dar-über reden, wie Sie die Weichen gleich zu Beginn Ihrer Network-Karriere in Richtung Erfolg stellen können. Das geht auch ohne große finanzielle Mittel oder irgendwelche teuren Statussymbole. Anhand meiner eigenen Geschichte habe ich schon vieles er-klärt, warum also nicht auch das.

Zunächst einmal die Version, wie man es nicht ma-chen sollte.

Als ich mit meiner Tätigkeit im Strukturvertrieb an-fing, bekam ich wie alle Starter einen Verkaufsauf-trag. Ich sollte zehn Versicherungsverträge verkau-fen, um in die erste Führungsposition zu gelangen und damit provisionsberechtigt an den Umsätzen der zukünftigen Geschäftspartner zu sein.

Bereits auf meiner Starterpräsentation wurde von den Referenten darüber gesprochen, dass die meis-ten Neustarter diese Umsätze in den ersten acht bis zwölf Wochen ihrer Karriere tätigen, die besten in vier Wochen und die allerbesten in lediglich zwei Wochen oder noch schneller. Es wurde darüber hi-naus berichtet, dass man die erfolgreichsten Re-präsentanten auch an gewissen Äußerlichkeiten erkennen würde. So bekamen zum Beispiel Geschäftspartner, die vier Verträge in vier Wochen vermittelten, einen Schlüsselanhänger aus echtem Sterlingsilber, Partner, die vier Verträge in vier Wochen vermittelten und diese Leistung im Folgemonat wiederholten, erhielten einen Designerkoffer aus Wasserbüffelleder und denjenigen, die zehn Verträge in dreißig Tagen vermittelten, wurde sogar eine Geldklammer aus 999er Feingold verliehen!

So weit zu den Kennzeichen der erfolgreichsten Repräsentanten – und nun zum Beginn allen Übels. Meine eigene Vertriebskarriere fing nämlich schon zu kranken an, als sie noch nicht einmal begonnen hatte. Leider war mir das zu diesem Zeitpunkt noch nicht bewusst. Genauso geht es vielen Startern am Anfang. Sie haben noch keinen Blick für das große Ganze und können gewisse Gesamtzusammenhänge nicht nachvollziehen.

Ich hatte damals alles Mögliche im Kopf und muss zugeben, dass ich auf der Präsentation viele inhaltliche Dinge gar nicht gerafft hatte. Das Letzte, was mich interessierte, waren irgendwelche Auszeichnungen oder Erkennungszeichen von erfolgreichen Geschäftspartnern. Ich hielt das Ganze sogar für ein wenig überdreht und affektiert und konnte den tieferen Sinn hinter diesen Auszeichnungen nicht erkennen, geschweige denn einen weitreichenden Nutzen für mich.

So kam es, wie es kommen musste: Ich brauchte sage und schreibe sieben Monate für meine zehn Verträge. Ich gehörte also nicht zu den Schnellstartern, sondern eher zu denen, bei denen jeder neue Tag der letzte sein konnte. Ich wurde zu Beginn weder mit einem silbernen Schlüsselanhänger oder einem schwarzen Büffellederkoffer noch mit einer goldenen Geldklammer ausgezeichnet. Und während andere Kollegen, die mit mir gestartet waren, herumliefen wie „Tannenbäume", weil sie Schlüsselanhänger, Koffer und Geldklammer gleichzeitig besaßen, sah ich eher aus wie eine kleine graue Maus. Ich hatte gar nichts, außer dass ich einen Anzug trug!

Wir halten an dieser Stelle fest: Ich war zwar ein Repräsentant meiner Firma, äußerlich war ich aber nicht als erfolgreich zu erkennen. Mir fehlten quasi die Pickel auf den Schulterklappen.

Welche negativen Auswirkungen das für mich haben sollte, erwies sich erst ein wenig später, nämlich zu dem Zeitpunkt, als ich meine ersten Geschäftspartner gewann. Eigentlich dachte ich damals, jetzt wäre alles okay. Das war es zwar auch, aber es hätte noch wesentlich besser laufen können.

Kommen wir nun zum weiteren Verlauf des bereits angekündigten Übels! Alle meine neuen potenziellen Partner besuchten genau wie ich eine Geschäftspräsentation, in der logischerweise auch die Erkennungszeichen der Erfolgreichen vorgestellt wurden. Als Jungführungskraft war ich natürlich bestrebt, meine Neustarter zu motivieren, schnellstmöglich durchzustarten und eine bestimmte Anzahl an Verträgen zu verkaufen. Warum? Weil ich von deren Umsätzen profitierte, so wollte es schließlich das System!

Nachdem ich vollmundig darauf hingewiesen hatte, dass es gut wäre, wenn man Schlüsselanhänger, Koffer oder Geldklammer besäße, oder am besten alles zusammen, kamen meistens vonseiten der Neustarter folgende, sehr unangenehme Fragen: *Wo ist denn dein Schlüsselanhänger?, Hast du auch diesen Designerkoffer?, Zeig doch einmal deine goldene Geldklammer!*

Wie Sie sich sicher denken können, war das eine sehr unangenehme Situation für mich, denn diese Fragen konnte ich in diesem Moment wirklich nicht brauchen.

Sie zerstörten praktisch mein ganzes Startkonzept. Ich wollte mich schließlich sofort mit den Neuen hinsetzen, alle notwendigen Aktivitäten planen und gleich loslegen, um sie erfolgreich zu machen.

Stattdessen musste ich mich nun erklären. Wie jeder von uns hatte ich die Wahl zwischen genau zwei Möglichkeiten. Auf der einen Seite gab es die wahre Geschichte, auf der anderen Seite die (ge)schön(t)e Geschichte!

Bei der wahren Geschichte hätte ich sagen müssen: *Na ja, ich war am Anfang ziemlich faul. Ich habe mich immer wieder ablenken lassen, das System oft infrage gestellt und wollte jeden Tag das Rad neu erfinden. Außerdem waren mir die meisten anderen Dinge wichtiger als der Erfolg und solche komischen Auszeichnungen haben mich sowieso noch nie interessiert. Ich habe andere, viel tiefere Motive und Werte!*

In einem Satz zusammengefasst: *Ich habe es einfach nicht draufgehabt!*

Wie Sie merken, ist die ungeschönte Geschichte zwar wahr, aber alles andere als motivierend, und deshalb habe ich mich dann doch immer für die „schöne" Geschichte entschieden, um mein Gesicht nicht zu verlieren, und die ging so:

Na ja, ich hatte es am Anfang nicht so leicht. Mein warmes Umfeld (also meine Verwandten, persönlichen Bekannten und Familienangehörigen) *war besonders skeptisch und meine Kundenklientel hatte kein Geld. Bei mir im Ort gibt es viele Menschen ohne Arbeit. Da war es sowieso ganz schwer, Geschäfte zu machen. Außerdem hatte ich während dieser Startphase noch viele andere Projekte, um die ich mich kümmern musste. Leider war ich zu jener Zeit auch noch gesundheitlich angeschlagen ...*

Was ich damals noch nicht wusste oder erkannte, war folgende knallharte Tatsache: Meine „schöne" Geschichte interessierte kein Schwein. Fakt war nur eines: Ich hatte die Leistung nicht gebracht, hatte diese Erfolgskennzeichen nicht und musste mich deswegen mit irgendwelchem nebulösen und blumigen Geschwafel um Kopf und Kragen quatschen, um mich dafür zu rechtfertigen.
Das Ergebnis der ganzen Aktion war, dass sich auch kaum einer meiner neuen Starter durch diese Auszeichnungen motivieren ließ.

Anders lief das bei einigen meiner Kollegen, die ihre Erfolgskennzeichen mit stolzgeschwellter Brust spazieren trugen. Diese Führungskräfte mussten von ihren neuen Partnern gar nicht erst gefragt werden, ob sie im Besitz der Auszeichnungen waren. Die neuen Partner konnten sie ja mit eigenen Augen sehen. Das wiederum bedeutete für die Führungskräfte, dass sie ihre Neuen nicht wie ich zulabern mussten, aus welchen Gründen sie die Erfolgskennzeichen nicht besaßen. Sie konnten sich sofort und ohne Zeitverlust auf das Wesentliche konzentrieren, nämlich darauf, ihre neuen Partner bis in die Fußspitzen zu motivieren, es ihnen nachzumachen und sofort erfolgreich das Geschäft zu starten.

Das Prinzip war einfach: *Ich habe es geschafft, dann könnt ihr das auch schaffen!*

Manche gingen sogar noch ein Stück weiter und sagten: *Ich habe es geschafft, dann erwarte ich das von euch auch! In meinem Team ist es Pflicht, äußerlich als erfolgreich erkannt zu werden!*

Im Laufe der Monate und Jahre stellte ich fest, dass ich mir durch meinen Start mit angezogener Handbremse selbst keinen Gefallen getan hatte, denn mir fehlten die wichtigsten Motivationsinstrumente einer Top-Führungskraft, die Kennzeichen der Erfolgreichen.

Zu meiner Entlastung sei noch kurz angemerkt, dass ich kein ganz hoffnungsloser Fall war, denn ich lernte dazu! Nach circa drei Jahren Zugehörigkeit war auch ich im Besitz aller besagten Auszeichnungen. Schlüsselanhänger, Koffer und Geldklammer: das volle Programm. Man hatte nämlich in meinem damaligen Partnerunternehmen auch später noch die Möglichkeit, sich für diese Sachen zu qualifizieren, und das tat ich.

Schätzen Sie einmal, ob das Geschäft ab diesem Zeitpunkt besser lief als vorher. Na logisch lief es besser, und zwar um einiges besser. Keine Geschichten mehr, keine Ausreden, keine Erklärungsnotstände gegenüber neuen Partnern. Stattdessen immer nur ein breites Grinsen im Gesicht, den Anhänger am Autoschlüssel, den Koffer stolz in der Hand und die Geldklammer blitzend am Revers vom Sakko! So wie sich das für einen Erfolgsrepräsentanten gehörte. Ende der Durchsage!

In meinem Fall hatte ich das Glück, dass ich mich für diese Auszeichnungen nachqualifizieren konnte und damit auch noch in den Genuss kam, zu repräsentieren. Spät, aber immerhin!
Allerdings gibt es Systeme und Firmen, in denen es nicht möglich ist, das nachzuholen. Deswegen möchte ich Ihnen an dieser Stelle zurufen, wenn Sie noch am Anfang Ihrer MLM-Karriere stehen und möglicherweise noch gar keinen genauen Überblick

Räumen Sie alle Auszeichnungen ab, die es zu gewinnen gibt. Sie werden Ihr ganzes Networker-Leben lang davon profitieren.

über System, Position, Karriereplan, zu erreichende Auszeichnungen, Incentives und firmenspezifische Erkennungszeichen der Erfolgreichen haben, dann informieren Sie sich schnellstmöglich darüber. Sprechen Sie mit Ihren Führungskräften oder Uplines über die Kriterien, die notwendig sind, um diese Auszeichnungen zu erreichen. Setzen Sie sich Ihr persönliches Ziel, planen Sie die notwendigen Erfolgsaktivitäten und starten Sie sofort durch. Setzen Sie alles daran, diese Erfolgsauszeichnungen zu erhalten, koste es an persönlichem Einsatz, was es wolle.

Woran auch immer man die Erfolgreichen in Ihrer Firma erkennen mag, sehen Sie zu, dass Sie sich mit Ihrer Leistung für diese Auszeichnungen qualifizieren. Egal, ob es Schlüsselanhänger, Uhren, Brillanten, Perlen, Geldklammern, Koffer, Kugelschreiber, Ringe, Krawatten, Schreibmappen, Sakkos etc. sind. Räumen Sie am besten alles ab, was es zu gewinnen oder zu erreichen gibt. Sie werden Ihr ganzes Networker-Leben lang davon profitieren.

Sie werden für immer und ewig sagen können: *Natürlich habe ich den Kugelschreiber gewonnen, na logisch habe ich den Schlüsselanhänger, selbstverständlich habe ich zu den Schnellstartern gehört. Ja, ich habe mich für die silberne Krawattennadel quali-fiziert,* und so weiter und so fort.

Das kann Ihnen nie wieder jemand nehmen. Auch wenn in Ihrem Unternehmen ein Start-/Reisewettbewerb (die Wettbewerbe, die Firmen zu Motivationszwecken ausschreiben) abläuft, dann wäre es schlau, diesen Wettbewerb zu gewinnen.

Manchmal ist der materielle Wert bestimmter Auszeichnungen nicht sehr hoch, Sie sollten aber spätestens jetzt wissen, dass es darum gar nicht geht. Entscheidend ist der ideelle Wert dieser Dinge. Als Repräsentations- und Führungsinstrumente sind sie unverzichtbar und eigentlich unbezahlbar.

Allein von der Teilnahme an einem Reisewettbewerb werden Sie noch Lichtjahre profitieren. Sie werden die Bilder und Videos in jedem persönlichen Gespräch, jedem Sponsorgespräch oder auf Teammeetings zeigen können. Sie können Ihre Homepage damit schmücken oder Ihre Profile in sozialen Netzwerken dekorieren und damit eindeutig demonstrieren, dass Sie zu den Gewinnern gehören. Das Zertifikat für die Teilnahme an dieser Reise wird noch nach Jahren in Ihrem Büro hängen und Sie als Ausgezeichneten ausweisen.

Sie erinnern sich sicherlich noch an den Beginn dieses Buches, wo die Rede war von einem Porsche, einer schwarzen Amex und einer Monatsabrechnung von weit über 100 000 Euro.

Natürlich sind diese Dinge gerade für Anfänger verdammt weit weg und außer Reichweite.

Kleine Auszeichnungen oder Wettbewerbe, die man am Anfang in fast jedem MLM oder Vertrieb gewinnen kann, sind jedoch für jeden erreichbar.

Erfolglosigkeit bringt Sie auf Dauer in Erklärungsnot

Oft geht es nicht nur um Äußerlichkeiten wie irgendwelche Auszeichnungen. In der gesteigerten Version geht es um die gesamte persönliche Lebenssituation eines Networkers.

Ich spreche an dieser Stelle einmal Klartext. Mir fehlten damals nur bestimmte äußerliche Kennzeichen des Erfolges, aber bei vielen Networkern fehlt schlicht und ergreifend alles, was in irgendeiner Weise auf Erfolg hindeuten könnte.

So gibt es Kollegen und Kolleginnen, die nach ein, zwei oder sogar drei Jahren immer noch keine Einkünfte aus ihrem Geschäft beziehen und bei sage und schreibe null Geschäftspartnern stehen.
Selbst die Kollegen, die nach so langer Zugehörigkeit schon ein paar Hundert Euro verdienen und einige wenige Partner haben, sind immer noch ganz klar im Nachteil.

Versetzen Sie sich bitte einmal in die Situation der Menschen, die von solchen Kollegen/Kolleginnen angesprochen werden. Wenn auf die Frage, wie lange man schon dabei sei und was dabei verdient werde, nur vage Antworten kommen, wird das Eis ganz schön dünn. Sehr dünn!

Die Antworten hören sich dann so oder ähnlich an:

- *Ich bin zwei Jahre dabei, hatte aber bis jetzt keine Unterstützung von meiner Upline, nun will ich richtig loslegen …*
- *Ich bin seit drei Jahren dabei, war zwischendurch krank und deswegen verdiene ich noch nicht so viel …*
- *Ich bin schon mehrfach neu durchgestartet, aber jetzt geht es wirklich richtig los …*
- *Ich bin noch nicht so erfolgreich, weil familiär einiges dazwischengekommen ist …*
- *Der Verdienst ist bis jetzt nicht so hoch, weil ich mehrfach neu aufbauen musste …*
- *Na ja, ich bin noch sehr jung und deswegen hatte ich so meine Probleme, aber nun geht es richtig los …*
- *Bei mir in der Region war das Geschäft sehr schwierig, aber jetzt bin ich umgezogen …*
- *Mein bisheriger Lebenspartner hat mich immer gehemmt, aber nun bin ich wieder solo und baue richtig auf …*
- *Ich habe mich zu lange mit den Produkten beschäftigt und keine Geschäftspartner aufgebaut, deswegen verdiene ich noch nicht so viel …*

- *Meine Partnerfirma hatte noch nicht alle Zulassungen und wir sind bis jetzt in der Prelaunch. Verdient habe ich bisher nichts, aber nun starten wir richtig durch …*

- *Ich war in meinem Hauptjob noch massiv eingebunden und konnte mich deswegen nicht so hundertprozentig engagieren. Aber jetzt …*

- *Ich musste mich um die Kindererziehung kümmern, habe aber jetzt den Entschluss gefasst, andere Prioritäten zu setzen …*

Seien Sie jetzt bitte ganz stark und holen Sie tief Luft. Glauben Sie mir, diese Antworten wollen Ihre Interessenten nicht hören! Egal, was Sie jetzt noch erklären, egal, wie schön Ihre Rechtfertigungen sind und egal, wie plausibel Ihr persönlicher Grund auch ist, Sie sind schon so gut wie raus.

Entweder du hast Erfolg oder du hast eine Geschichte!

Ihr Interessent hätte jetzt gerne eine Erfolgsstory gehört.

Sattdessen beträllern Sie ihn mit Ihren persönlichen Warum-hat-es-bis-jetzt-bei-mir-noch-nicht-funktioniert-Gründen und erzeugen damit eher Mitleid als Bewunderung.

Der Interessent hätte gerne gehört:

💬 *Ich bin ein halbes Jahr dabei und verdiene im Moment im Schnitt 700 Euro pro Monat.*

💬 Oder: *Ich bin zehn Monate bei meinem Partnerunternehmen dabei und habe in dieser Zeit 300 Teampartner aufgebaut.*

💬 Oder: *Ich bin circa ein Jahr dabei und habe letzten Monat in die Hauptberuflichkeit gewechselt. Im Moment kommen durch das Geschäft ungefähr 2400 Euro im Monat zusammen.*

💬 Oder: *Seit ich dabei bin, geht meine Frau nicht mehr arbeiten.*

💬 Oder: *Seit ich dabei bin, fliegen wir zweimal im Jahr mit der Familie in den Urlaub.*

💬 Oder: *Ich verdiene zwar nur 800 Euro zusätzlich im Monat, dafür finanziert mir die Firma einen schicken Wagen.*

Und so weiter.
Sollten Sie nicht die letzten, sondern eine der zwölf oben aufgeführten Antworten vorbringen, dann

*Menschen zieht es
immer dahin, wo der
Erfolg zu Hause ist, wo
das Leben tobt, wo
Stimmung und positive
Energie herrschen.*

können Sie ab diesem Moment nur noch mit massivem Erklärungsaufwand, mit rhetorischem Geschick oder mit Ihrem Sympathiebonus das Blatt in Richtung Erfolg wenden. Vielleicht schicken Sie auch ein Stoßgebet an das Universum und bitten um kosmische Unterstützung, aber die Wahrscheinlichkeiten laufen gegen Sie.

Menschen zieht es immer dahin, wo der Erfolg zu Hause ist, wo das Leben tobt, wo Stimmung und positive Energie herrschen. Niemand wird sich jemandem anschließen, bei dem es schon länger nicht läuft, im Gegenteil, man distanziert sich möglichst schnell, weil man Angst hat, bald selbst zu den Erfolglosen zu gehören.

Diese Entscheidung wird von den Leuten nicht bewusst getroffen, sondern unbewusst und blitzschnell. Auch Aussagen wie „Jetzt geht es richtig los" oder „In Zukunft wird alles viel besser" kann man sich sparen.

Längere oder gar dauerhafte Erfolglosigkeit ist schwer zu erklären und entspricht sicher nicht dem, was neue Interessenten hören wollen. Man kann sie aber auch nicht einfach wieder ungeschehen machen. Zeit, Leistung, Verdienst und Anzahl von Teampartnern sind nun einmal messbare Größen, und selbst ein Laie kann eins und eins zusammenzählen! Tick, tack, tick, tack, tick, tack – die Zeit läuft, in diesem Fall gegen Sie.

Eines kann ich Ihnen garantieren: Falls Sie erfolgreich werden, wovon ich stark ausgehe, dann werden Sie rückblickend sagen: *Mensch, warum habe ich am Anfang nicht mehr Gas gegeben?*

Da ich ja immer gerne Beispiele aus der Praxis anführe, kommt hier wieder etwas, was ich selbst erlebt habe. Konkret geht es darum, wie schwer es ist, nicht unmittelbar sichtbaren Erfolg erklären zu müssen.

Als ich nach drei Jahren meiner Tätigkeit im Vertrieb in einer Phase des Neubeginns nach München wechselte, hatte ich zwar eine mittlere Führungsposition inne, verfügte aber nicht mehr über die entsprechende Anzahl an Mitarbeitern. Natürlich wurde ich in jedem Bewerbergespräch gefragt, wie lange ich den Job schon machen würde und wie groß mein Team sei.

Sehr unangenehme Situation. Die Antwort hätte lauten müssen: *Drei Jahre, 45 Mitarbeiter.*

Rums, keine weiteren Fragen!

Meine Antwort war: *Ich bin drei Jahre dabei, aber ich baue gerade hier in Bayern neu auf. In der Vergangenheit lief nicht alles optimal …*

Auch ich habe teilweise schöne Geschichten erfunden, um einigermaßen mein Gesicht zu wahren und den Interessenten halbwegs meine suboptimale Situation zu erklären. Aber es waren nicht die Geschichten, die ein neuer Interessent eigentlich zu hören bekommen sollte.

Ich habe es trotzdem hingekriegt, von null wieder ein großes Team aufzubauen, nur der Aufwand, der Fleiß, der Schweiß, der Ehrgeiz und die persönlichen Opfer, die ich dafür bringen musste, waren immens hoch. Hätte ich ein wenig mehr repräsentieren und zeigen können, wie gut es mir in und mit meinem Geschäft geht, wäre einiges schneller ins Rollen gekommen!

Heute bin ich der Meinung, dass es nur wenige Networker schaffen, mehrere wirkliche Aufbauphasen durchzustehen. Eine Aufbauphase muss man sich so vorstellen, dass man als Haupt- oder auch Nebenberufler 24 Stunden an sieben Tagen in der Woche für sein Geschäft da und in dieser Zeit immer aktiv ist. Das kann man aus meiner Sicht nur zwei- bis dreimal im Leben machen. Für mehr reicht die Kraft einfach nicht.

Manche Networker befinden sich allerdings schon seit 15 oder 20 Jahren in der Aufbauphase und machen sich selbst jeden Tag vor, dass sie gerade richtig Gas geben. Dabei merken sie gar nicht, dass sie noch nicht einmal in den zweiten Gang hochgeschaltet haben und zusätzlich mit angezogener Handbremse fahren. Sie bauen phasenweise auf, fallen wieder zurück, bauen wieder auf, fallen wieder zurück usw.

Deswegen nimmt das Geschäft keine Fahrt auf, und es kommt nicht zur Entwicklung von Momentum. Diese Leute haben sich eingerichtet, sich eine eigene kleine Durchschnittswelt aufgebaut und oft sogar ihre aktuelle Position oder Stufe unter Denkmalschutz gestellt.

Authentizität ist das Geheimnis des Erfolgs

Mal abgesehen von konkret nachrechenbaren Zahlen wie Verdienst, Teamstärke, Kontostand und Dauer der Zugehörigkeit gibt es noch andere Indizien, die für oder auch gegen Sie als Erfolgsrepräsentant Ihres Geschäftsmodells oder auch Ihrer Produkte sprechen!
In diesem Zusammenhang ist es mit Sicherheit sinnvoll, noch ein wenig über das Thema Authentizität zu sprechen.

Es ist beispielsweise in Networker-Kreisen weit verbreitet, andere Menschen von den Vorteilen der eigenen Produkte überzeugen zu wollen, diese besagten Produkte jedoch selbst nicht zu nutzen.
Viele von Ihnen werden jetzt aufschreien und sagen:
Was, wie kann denn das möglich sein?
Ich sage Ihnen, es ist möglich und es ist tausendmal weiter verbreitet, als man glauben mag. Es ist nämlich nicht in allen Network- und Vertriebssystemen zwingend erforderlich, die Produkte und/oder Dienstleistungen selbst zu verwenden. Es gibt Firmen, in denen man ausschließlich als Vertriebspartner oder Empfehler tätig sein kann. Man muss also nicht unbedingt Kunde werden.

Genauso lief es auch in meinem ehemaligen Partner-unternehmen, wo es um den Vertrieb von Finanz-dienstleistungsprodukten ging.

Schätzen Sie einmal, welche Frage mir in neun von zehn Kundengesprächen gestellt wurde.
Genau, es war die Frage: *Hast du das Produkt auch für dich selbst abgeschlossen …?*

Was soll ich sagen? Das war keine leichte Situation für mich, denn ich hatte natürlich nichts abgeschlossen. Mir waren die 50, 75 oder 100 Mark, die ich dafür monatlich hätte sparen müssen, einfach zu viel beziehungsweise ich dachte, das hätte noch Zeit, da ich es erst später brauchen würde. Also suchte ich jedes Mal nach einer Antwort und musste ganz schön mit meinem Gewissen kämpfen.
Ich hätte natürlich gerne gesagt: „Ja, natürlich!" Damit hätte ich aber meine Interessenten angeschwindelt, und auf diese Art und Weise wollte ich meine Geschäfte nicht betreiben.
Also sagte ich: „Ja, ich bin gerade dabei … Ich überlege momentan, welchen Betrag ich monatlich investieren werde …"

Kommt Ihnen dieses halbseidene Gerede irgendwie bekannt vor? – Natürlich, wir hatten das ja schon.

Kurz und gut, meine Antworten waren nicht die, die die potenziellen Kunden hören wollten. Sie hätten gerne gehört: „Natürlich habe ich das auch selbst abgeschlossen, sonst würde ich dir das doch nicht anbieten. Ich investiere 100 Mark im Monat!"

Da dem nicht so war, stellte sich für die potenziellen Kunden eine weitere Frage, die sie allerdings meist nicht äußerten. Ich weiß aber, dass Interessenten diese Frage in jedem Fall denken! Sie lautet: „Wenn das so super ist, wie er/sie sagt, warum in aller Welt hat er/sie das Produkt dann noch nicht selbst in Anspruch genommen?"

Der potenzielle Kunde blieb also skeptisch und war nicht wirklich überzeugt vom Produkt. Das Ende vom Lied war, dass ich es sehr oft mit Absagern, Überlegern, Vergleichern und Diskutierern zu tun hatte. Das Schlimmste an der Geschichte ist, dass ich diese buchstäblich durch meine eigene inkongruente Haltung angezogen und sozusagen selbst gezüchtet hatte.

Nicht, dass man so etwas komplett vermeiden könnte, aber man kann es reduzieren.

Der Tag, an dem ich beschloss, mir das Produkt quasi selbst zu verkaufen, veränderte einiges zum Positiven. Meine Abschlussquoten stiegen nämlich schlagartig an. Wenn ich gefragt wurde, ob ich das Produkt selbst nutze, zog ich von da an immer die Originalpolice (Versicherungsschein) aus meiner Beratermappe und sagte mit vor Stolz geschwellter Brust:

Na klar. Ich investiere 100 Mark im Monat und der Tag, an dem ich das Ding für mich abgeschlossen habe, war einer der besten meines Lebens!

Ich konnte mich also sozusagen ausweisen und demonstrierte meinen Gesprächspartnern damit unbedingtes Commitment und den Glauben an mein eigenes Produkt. Damit griff das Prinzip der sozialen Bewährtheit und sie dachten nun: „Wenn es der Schlosser gemacht hat, dann muss es ja etwas Gutes sein!"

Diese Vorgehensweise lässt sich natürlich auf andere MLM-Produkte übertragen. Wenn Sie Kosmetik verkaufen und diese nicht in Ihrem Badezimmer steht, werden Sie es schwer haben. Wenn Sie Schmuck verkaufen und Sie ihn selbst nicht tragen, werden Sie es schwer haben. Wenn Sie Gold verkaufen und es selbst nicht im Safe liegen haben, werden Sie es schwer haben. Wenn Sie Putzmittel verkaufen, die Sie selbst nicht verwenden, werden Sie es schwer haben, und wenn Sie Nahrungsergänzungen empfehlen, die Sie selbst nicht einnehmen, dann werden Sie es schwer haben, schwer haben, schwer haben, schwer haben …! Alles klar?

Außerdem hat man in der Praxis Folgendes festgestellt: Wenn Sie Ihre eigenen Produkte nicht nutzen, dann werden Ihre Partner und Partnerpartner diese ebenfalls nicht verwenden und es genauso schwer haben, schwer haben, schwer haben.

Dazu kommt, dass in Ihrer Downline weniger Umsätze getätigt werden als in Downlines, in denen der Gebrauch der eigenen Produkte die Regel ist. Dass Sie im ersten Fall wesentlich weniger verdienen werden, muss man an dieser Stelle sicher nicht extra erwähnen.

Am besten fragen Sie sich selbst nach dem Blick in den Spiegel: Bin ich der Repräsentant meines Produktes oder Geschäftes?

Repräsentieren Sie nicht nur, sondern leben Sie Ihr Thema!

Bis hierher habe ich Sie mit den Grundlagen vertraut gemacht, aber das Thema geht noch weiter beziehungsweise es hat gerade erst angefangen.
Der zweite Teil ist nicht weniger entscheidend für den Erfolg und man könnte sogar ein ganzes Buch darüber schreiben. Ich will mich allerdings darauf beschränken, Ihnen einen Spiegel vorzuhalten. Daraus können Sie dann Ihre eigenen Schlüsse ziehen, wie Sie auf Ihre Umgebung wirken.

Am besten fragen Sie sich selbst nach dem Blick in den Spiegel: Bin ich der Repräsentant meines Produktes oder Geschäftes? Wenn ja, dann optimieren Sie Ihren Status weiter, wenn nein, dann sollten Sie die Ärmel hochkrempeln, sich schleunigst an die Arbeit machen und so bald wie möglich Mister oder Miss Vorzeigerepräsentant Ihrer Firma werden.

Lassen Sie uns in dieser Angelegenheit einen kleinen Ausflug auf eines unserer Seminare machen. Sie müssen sich vorstellen, dass es bei 1000 bis 1500 Seminarteilnehmern im Monat immer wieder einmal vorkommt, dass auch ich/wir auf bestimmte Produkte oder eine geschäftliche Zusammenarbeit angesprochen werden. Im Grunde schätze ich das sehr, manchmal bin ich aber auch ziemlich irritiert.

Ein Beispiel ist mir besonders in Erinnerung geblieben, weil es im negativen Sinne herausragend war und deshalb jeder von Ihnen verstehen wird, worum es mir hier geht.

Vor ein paar Monaten fand wieder einmal eines unserer Events statt. Nach der ersten Stunde meines Referats strömten wie üblich fast alle Teilnehmer nach draußen, um eine kurze Pause zu machen. Alle, bis auf einen Kollegen.

Dieser saß in einer der letzten Reihen, kam hoch motiviert auf mich zu und sprach mich mit folgendem Satz an: *Herr Schlosser :-), Sie haben doch erwähnt, dass Sie begeisterter Sportler sind, ich habe da etwas für Sie …!*

Ich habe mittlerweile natürlich ein wenig Gespür für solche Situationen und wusste schon vorab, was jetzt kommen würde. Deswegen meinte ich: *Egal, was Sie jetzt zu mir sagen, Sie müssen dabei richtig, richtig gut sein! Sie müssen jetzt der Beste sein, der Sie überhaupt sein können! Einverstanden :-)?*

Der Kollege schaute ein wenig verdutzt und machte dann ohne Umschweife weiter: *Viele Sportler kön-*

nen ja ihre Leistungsfähigkeit nicht mehr aufrechterhalten, weil die Regeneration nicht so gut klappt! Mit Sicherheit haben Sie diese Erfahrung auch schon gemacht, aber ich habe eine gute Nachricht für Sie. Wir haben ein supertolles Produkt, das ganz viele Antioxidantien enthält – deren Wirkung basiert darauf, dass die freien Radikale vernichtet werden. Dadurch regenerieren Sie in der Hälfte der Zeit. Ich habe es selbst schon getestet!

Nachdem ich ihn mit viel Mühe unterbrochen hatte, stellte ich ihm folgende Frage: *Mensch, das klingt ja gut. Können Sie mir sagen, aus welchen Grundbestandteilen oder auch Bausteinen jede Ernährung besteht? Wissen Sie das?*

Er sah mich noch verdutzter an und sagte: *Wie meinen Sie denn das?*

So wie ich es sage, ich würde gerne wissen, welche Bausteine unser Essen enthält.

Vollkommen ungläubig schaute er mich an und erwiderte: *Was weiß denn ich, hier geht es doch um Regeneration und unser Produkt enthält ganz viele sekundäre Pflanzenstoffe!*
Et cetera, et cetera.

Ich fragte noch einmal: *Sie kennen also die Bausteine unserer Ernährung nicht?*

Er schüttelte den Kopf und verneinte.

Ich weiß nicht, ob er diese Bausteine wirklich nicht kannte oder ob ich mich falsch ausgedrückt hatte.
Fakt war: Er konnte mir keine befriedigende Antwort liefern, was das Basiswissen über Ernährung betraf. Er kannte weder Kohlenhydrate, Eiweiße noch Fette. Die kennt in der Regel jedes Kind, denn das ist Stoff aus dem Biologieunterricht der fünften Klasse. Und ich gehe nicht davon aus, dass das nur bei mir im Osten so war.
Stattdessen hielt mir dieser Kollege einen Kurzvortrag über hochkomplexe physiologische Stoffwechselvorgänge, über sekundäre Pflanzenstoffe, Antioxidantien und freie Radikale.

So weit, so gut. Schon ab diesem Moment nahm ich ihn nicht mehr so richtig ernst, aber es ging noch weiter.

Verstehen Sie mich nicht falsch, ich bin mit Sicherheit auch keine Schönheit, aber dieser Kollege schleppte zu allem Überfluss zwischen 15 und 20 Kilo Übergewicht mit sich herum und schob eine Wampe vor sich her, mit der er sofort in jedem Münchner Wirtshaus einen Job hinterm Tresen bekommen hätte.

Zu seiner Inkompetenz gesellte sich also ein zweites No-Go. Ich persönlich kann solche Menschen nicht ernst nehmen, zumindest nicht, wenn sie über Nahrungsergänzungen sprechen. Hätte er mir irgendetwas über leckeres Bier erzählt, dann hätte ich mit Sicherheit gespannt zugehört, aber so hatte ich nur einen Gedanken im Hinterkopf: „Scheiße! Wenn ich das Zeug nehme, dann sehe ich bestimmt auch bald so aus wie er!" Glauben Sie mir, das wollte ich nicht!

Der dritte und letzte abschreckende Punkt war schließlich, dass der Kollege schon auf drei Meter Entfernung nach kaltem Rauch roch. Glauben Sie mir, ich kann unterscheiden, ob jemand zwei Zigaretten am Tag raucht oder in jeder Pause unbedingt nach draußen muss, um in zehn Minuten mindestens zwei Kippen wegzubrennen. Er gehörte wohl eher zur zweiten als zur ersten Kategorie.

An dieser Stelle möchte ich Sie fragen: Was denken Sie, bin ich Kunde geworden?

Natürlich nicht! Egal, wie gut das Produkt auch gewesen sein mag, er hatte einfach keine Chance, dass ich ihn ernst nehme. Das lag daran, dass er gleich in mehreren Punkten nicht der Repräsentant seines

Er nutzte zwar das Produkt selbst, man sah ihm die Vorteile, die sich daraus ergeben sollten, aber nicht an.

Geschäftes war. Deswegen kamen wir gar nicht bis zum zweiten Schritt.

Er nutzte zwar das Produkt selbst, man sah ihm die Vorteile, die sich daraus ergeben sollten, aber nicht an. Ich wusste also überhaupt nicht, was es mir bringen sollte, dieses Produkt zu kaufen. Ende der Durchsage!

So etwas kann auch ganz anders laufen, wie mir regelmäßig die Reaktion meiner Geschäftskollegen bei REKRU-TIER beweist.

Damit Sie das Folgende besser verstehen, erst einmal eine kurze Beschreibung meiner Person. Ich bin sozusagen Fitnessfanatiker, Müslifresser, Sportochse, Bewegungsliebhaber und Leutebekehrer in einer Person. Ich probiere im Prinzip alles aus, was es auf dem Ernährungssektor Neues gibt, und gebe mir die größte Mühe, mich immer und überall körperlich fit zu halten und auf diesem Gebiet mit gutem Beispiel voranzugehen. Ich mische in unserem Büro in München, in dem wir zu dritt arbeiten, ständig neues Eiweißpulver zusammen, lese Sportmagazine und ziehe mir irgendwelche Vitamine oder andere Supplements rein.

Erst vor Kurzem habe ich wieder ein Paket geliefert bekommen. Immer wenn ich meine Pakete öffne und den Inhalt begutachte, wollen meine Kollegen

Wenn ich mir die Kapsel nicht in den Mund, sondern in meinen Allerwertesten stecken würde, dann würden sie es wahrscheinlich genauso machen.

Rainer von Massenbach und Alexander Riedl wissen: *Was hast du da bestellt?*, *Ist das gut?*, *Ist das auch etwas für uns?*

Ich antworte meist nur kurz mit *Schätzt mal;-)* und widme mich weiter meiner Arbeit, wobei ich genüsslich meinen Shake trinke.

So weit, so gut. Wissen Sie, was spätestens zwei Wochen danach passiert? Genau, jeder von meinen Kollegen bekommt ebenfalls ein Paket und wer hätte das gedacht, beide haben sich genau das von mir verwendete Produkt bestellt.

Das Kuriose daran ist: Ich habe ihnen das nicht ans Herz gelegt, denn ich verdiene nichts damit. Sie haben das einfach aus freien Stücken getan. So läuft es bei uns immer ab, wenn es um das Thema Ernährung und Bewegung geht. Meine Kollegen machen mir alles nach, weil sie wissen, dass es gut sein muss, wenn es der Schlosser verwendet!

Ich gehe sogar noch ein Stück weiter. Ich glaube, wenn ich mir Nahrungsergänzugskapseln bestellen und diese unter meine Augenlider klemmen würde, dann würden die Jungs das genauso machen. Wenn ich die Kapseln öffnen und deren Inhalt unter meinen Armen verreiben würde, dann würden Sie es ebenfalls machen und, jetzt halten Sie sich fest, selbst wenn ich mir die Kapsel nicht in den Mund, sondern in meinen Allerwertesten stecken würde, dann würden sie es wahrscheinlich genauso machen …

Warum? Weil ich dieses Thema nicht nur repräsentiere, sondern ich lebe es!!! Schauen Sie in den Spiegel, welches Thema leben Sie??? Sind Sie Vorbild für andere oder sind Sie eher Warnung?

Weil wir gerade so schön bei der Sache sind, hier gleich das nächste Erlebnis. Aber keine Bange, Ihnen geht es nicht an den Kragen, denn wir reden ja in diesem Buch immer nur von den anderen.

Vor einigen Jahren war ich in der Leipziger Innenstadt unterwegs und hatte wie so oft mehrere gute Direktkontakte gemacht. Als ich gerade in mein Auto einsteigen und zum Büro zurückfahren wollte, rief mir jemand auf offener Straße hinterher.

Als ich mich umsah, stand ein ungefähr 50-jähriger Mann im Anzug vor mir und sagte: *Junger Mann, ich habe Sie gerade beobachtet und habe gesehen, wie Sie Leute ansprechen. Das machen Sie richtig gut! Für wen arbeiten Sie denn?*

Ich antwortete ihm, er lachte ein wenig bemitleidend und sagte: *Ach, für die. Hier ist meine Karte. Kommen Sie doch zu uns, wir haben das bessere Konzept! Ich lade Sie einmal für ein Gespräch zu uns in die Kanzlei ein!*

Wir tauschten die Karten aus und verabschiedeten uns.

Gleich am nächsten Tag erhielt ich einen Anruf von diesem Herrn und er lud mich zu einem Gespräch in die heiligen Hallen seiner Firma. Ich willigte ein und wir vereinbarten einen Termin.

Ich möchte hier kurz anmerken, dass ich damals nicht auf der Suche nach Veränderung war, ich ging aber häufiger zu Gesprächen mit anderen Vertrieblern, um deren Überzeugungsstrategien kennenzulernen. Es interessierte mich einfach, wie andere rekrutieren. Ob sie es mit Begeisterung tun, ob sie viele Fragen stellen, um meine Motive herauszufinden, ob sie versuchen, mich gleich einzuschreiben, ob sie mich an der langen Leine gewähren lassen, oder ob mich ein repräsentatives Luxusgefährt aus dem Hause Ferrari, Lamborghini oder Porsche vor dem Büro überzeugen sollte ;-)!

Gesagt, getan, ich ging zu diesem Termin und harrte der Dinge, die da kommen sollten. Die Firma befand sich im zweiten Stock eines sanierten Altbaus in der Leipziger Innenstadt. Oben angekommen, klingelte ich zweimal und eine Frau um die 40 öffnete. Ich sagte, dass ich einen Termin mit dem Herrn XY hätte, und sie bat mich herein.

Bevor ich ein Vertriebsbüro, eine Geschäftspräsentation oder einen Seminarraum betrete, nehme ich immer kurz Witterung auf, das heißt, ich prüfe den Stallgeruch! Ich versuche also zu spüren, welche Energie dort herrscht. Tobt dort das Leben oder hat sich die gute Stimmung schon seit Langem verabschiedet?

Bitte bedenken auch Sie, dass jeder Interessent, der Ihr Büro, Ihre Präsentationen, Seminare oder Ähnliches besucht, ebenfalls den Stallgeruch prüft. Die meisten machen das natürlich nicht bewusst, wie ich in diesem Fall, aber unbewusst stehen bei den meisten Leuten alle Antennen auf Empfang.

Na ja, von Stallgeruch im positiven Sinne war in diesem Büro nichts zu riechen. Nein, welch Grauen! Das Erste, was mir entgegenschlug, war Zigarettengeruch. „Ein Raucherbüro", schoss es mir durch den Kopf und ich machte mir schon Gedanken darüber, wie ich den Gestank wieder aus meinen Klamotten herausbekäme.
Wir halten fest, die Abwärtsspirale setzte sich bei mir bereits in Gang, bevor das eigentliche Gespräch begonnen hatte.
Der Kollege nahm mich nach zehnminütiger Wartezeit in Empfang, begrüßte mich und bat mich in sein

Büro. Von dort schien der „gute" Geruch seinen Ausgang zu nehmen; nicht nur das, auch die Tapete hatte bereits einen leicht gelblichen Schimmer. Der erste, nicht unbedingt positive Eindruck wurde also verstärkt und die Spirale drehte sich weiter nach unten.

Bitte sehen Sie mir an dieser Stelle nach, dass ich Rauchen nicht mag, aber es ist halt so. Ich würde nie in einer Firma arbeiten, in der den ganzen Tag im Büro geraucht wird. Viele andere Leute übrigens auch nicht!

Witzigerweise bekomme ich immer wieder Anrufe von Teilnehmern unserer Seminare, die mir mitteilen, dass sie noch nichts Inhaltliches aus dem Seminar umgesetzt, aber nach meinem Vortrag mit dem Rauchen aufgehört hätten. Auch okay, das spart Geld und verbessert die Leistungsfähigkeit. Wieder ein Schritt in die richtige Richtung!

Zurück zum Gespräch: Der besagte Kollege fing gleich an zu erzählen, wie toll die Firma sei, welche Milliardenmärkte darauf warteten, beackert zu werden, und dass für mich genau jetzt der richtige Zeitpunkt sei, bei ihm einzusteigen.

Während seiner Ausführungen musterte ich ihn ein wenig und musste feststellen, dass auf seinem Krawattenknoten schon drei kleine Wollmäuse saßen (das sind die speckigen Stoffknöllchen, die entstehen, wenn man Krawatten immer wieder auf- und zuzieht, ohne sie frisch zu binden, und wenn der Bart ständig am Knoten scheuert), dass der Gürtel ein besonders großes, ausgeleiertes Loch hatte und die Absätze seiner Schuhe im 45-Gradwinkel abgelaufen waren. Wir halten fest: Die Abwärtsspirale drehte sich weiter. Er repräsentierte für mich in diesem Moment überhaupt nichts Erstrebenswertes.

Als Nächstes stellte ich ihm die Frage, wie lange er dabei sei und welche Größe sein Team habe.

Er antwortete: *Ich bin acht Jahre dabei und im Moment sind wir hier in der Kanzlei 50 Mitarbeiter!*

Ich sagte: *Toll, aber wie viele von den Leuten gehören denn zu Ihnen?*

Er antwortete: *Im Moment sind wir hier in der Kanzlei 50!*

Nein, sagte ich. *Ich meine, wie viele von den 50 gehören zu Ihnen?*

Er erwiderte: *Na ja. Im Moment besteht mein Team aus sechs Leuten! Wir haben eine schwierige Phase hinter uns und jetzt geht es richtig los.*

Aha, da schrillten in meinem vergleichenden Gehirn alle Alarmglocken.

Das war nicht die Antwort, bei der es in Bewunderung ausbrach. Ich war nämlich zweieinhalb Jahre im Geschäft und hatte ein Team von 35 Partnern!

Hatte er nicht gesagt, dass diese Firma das bessere Konzept habe, hatte er nicht von Milliardenmärkten gesprochen. Ja, das hatte er, allerdings sah man ihm das angeblich bessere Konzept nicht an und auch die nackten Zahlen sprachen eine deutlich andere Sprache.

Mehr noch, beim Blick in seine Augen sah ich zwar noch eine kleine Flamme, aber man erkannte sofort, dass es Zeiten gegeben hatte, in denen ihr Leuchten heller gewesen war.

Mein Reptilienhirn sagte mir in diesem Moment dann auch endgültig: „Mach, Tobi, dass du Land gewinnst. Wie das Geschäft nicht funktioniert, das weißt du selbst, da brauchst du den Kollegen nicht dafür!"

Ich redete noch ein paar Minuten mit ihm, mehr aus Anstand und Höflichkeit, und verabschiedete mich dann schnellstmöglich. Beim Gang durch die Tiefgarage sah ich bezeichnenderweise ein Auto stehen, an dem die hintere Blinkerschale beschädigt war.

Wem es gehörte? Ich weiß es nicht, aber auf alle Fälle war an der Kofferraumklappe ein Aufkleber angebracht, dessen Aufschrift man durch die vielen Besuche in der Waschstraße nicht mehr gut lesen konnte. Bei näherer Betrachtung erkannte ich dann doch den Schriftzug:

„Jetzt mit uns durchstarten. Auch dein Erfolg ist machbar!"

Nachwort

Ich hoffe inständig, dass ich Ihnen mit meinen Bei-
spielen ein wenig die Augen dafür öffnen konnte,
wie wichtig das Thema Repräsentieren auch und gerade im MLM- und Strukturvertriebsgeschäft ist. Das
soll nicht bedeuten, dass es ab heute nur noch ums
Geld gehen soll und dass es primär wichtig ist, alles
nur auf Schein und Äußerlichkeiten aufzubauen.
Nein, darum geht es nicht.

Aber vielleicht kennen Sie auch das gute alte Sprich-
wort: Geld allein macht nicht glücklich, aber es be-
ruhigt und hilft ungemein!

Genauso ist es auch mit dem Repräsentieren. Es ist
bei Weitem nicht alles, aber es unterstützt ungemein! Denn Menschen, die glaubhaft und vorbild-
lich den Erfolg repräsentieren und ihn leben, üben
eine gewinnende Magie auf andere Menschen aus.
Mir persönlich ist kein anderes Geschäftsmodell bekannt, in dem es so wichtig ist, die anderen magisch
in seinen Bann zu ziehen, wie das Network-Marke-
ting-Business.

Kontaktstark grüßt Sie Ihr REKRU-Tier
Tobias Schlosser

Mehr Erfolg mit den Tools aus unserer Trickkiste!

In der Reihe **REKRU-TIER MLM Trickkiste** außerdem erschienen:

Band 1: Berater kommen lassen – Die Kunst, Menschen antanzen zu lassen. ISBN 978-3-941412-23-1

Band 2: Guter Bulle, böser Bulle – Die Magie der zwei gegensätzlichen Emotionen. ISBN 978-3-941412-26-2

Band 3: Lass dich ansprechen! – Spielend leicht Kontakte gewinnen mit T-Shirt-Werbung. ISBN 978-3-941412-31-6

Band 4: Tiefenduplikation – So machen Sie Ihren Partnern richtig Feuer unter dem Hintern. ISBN 978-3-941412-32-3

Band 5: Geheime Fragetechniken für Networker – So entlocken Sie Ihrem Interessenten ALLES! ISBN 978-3-941412-33-0

Band 7: Rekrutierungsparadies Messe – Wie Sie rausholen, was rauszuholen geht! ISBN 978-3-941412-39-2

Direktkontakt-Profis aus Leidenschaft ...

Direktkontakt ist eigentlich die natürlichste Art der Kontaktaufnahme von Mensch zu Mensch. Doch warum fällt uns dieser Weg heutzutage so schwer, warum schaffen es nur so wenige, ein großes Network-Marketing aufzubauen?

REKRU-TIER beschäftigt sich seit vielen Jahren mit den Themen **Direktkontakt, Fremdkontakt und Direct Recruiting,** insbesondere **für MLM und Strukturvertriebe.** Ihr Wissen aus über 80 000 Direktkontakten geben die Trainer Rainer Freiherr von Massenbach und Tobias Schlosser in **Workshops, Schulungen / Seminaren** und in ihren **Büchern** weiter.

Die **REKRU-TIER-Methode** begeistert und erweist sich immer wieder als ein unschlagbares Erfolgskonzept.

... unterstützen Sie beim Aufbau Ihres Kontaktnetzwerks

„Sie treffen mit Ihren Buch- und Seminarinhalten
den berühmten ‚Nagel auf den Kopf'."

„Ich bin nun seit 30 Jahren aktiv im Vertrieb, Marketing und im Sales-Management vieler internationaler Großkonzerne und habe schon viele Seminare erlebt. Was aber Sie geliefert haben, hat in puncto Praxisbezug, Authentizität und Realität meine Erwartungen bei Weitem übertroffen."

„Man hat Ihnen in jeder Sekunde Ihr Engagement und Ihren Spaß angemerkt, was den Tag noch lebhafter und interessanter machte."

„Ein klasse Seminar. So viele tolle Beispiele und ‚gelebte' Erfahrungen."

„Was ihr beide da auf die Füße gestellt habt, ist der beste Beweis dafür, dass es nix Größeres gibt als eine Idee, deren Zeit gekommen ist."

(Kundenstimmen zu
REKRU-TIER)

Informieren Sie sich noch heute unter

WWW.REKRUTIER.DE

Networker ohne Vertriebspartner?

Das A und O für jeden erfolgreichen Networker ist es, ein großes Team aufzubauen. In der Praxis oft gar keine so einfache Aufgabe: Wie und wo finde ich die richtigen Leute?

REKRU-TIER hat die besten Ideen dazu für Sie gesammelt und niedergeschrieben.

Sie erhalten komplett kostenlos alle drei Tage per E-Mail einen Tipp, wo / wie und in welcher Situation Sie an neue Geschäftspartner kommen.

Garantiert ist für jeden Networkertyp der ideale Ansatz dabei! Sie brauchen die Ideen nur noch umzusetzen …

Mit uns und unseren Gratistipps kein Thema!

99 TIPPS

WIE SIE AN NEUE GESCHÄFTSPARTNER FÜR IHR MLM KOMMEN

Melden Sie sich an unter
WWW.99SPONSORTIPPS.DE

Bibliografische Information der Deutschen Nationalbibliothek:
Die Deutsche Nationalbibliothek verzeichnet diese Publikation
in der Deutschen Nationalbibliografie; detaillierte bibliografische Daten sind im Internet abrufbar über
http://dnb.d-nb.de

ISBN 978-3-941412-38-5

Impressum:

Verlag:
REKRU-TIER GmbH, München
www.rekrutier.de

Autor: Tobias Schlosser
Titelfoto: © iStockphoto.com / cotesebastien
Covergestaltung: REKRU-TIER GmbH, München
Lektorat: Ute König, Kitzingen, und Bernhard Edlmann,
Raubling
Innenlayout und Satz: Bernhard Edlmann Verlagsdienst-
leistungen, Raubling

Alle Rechte vorbehalten. Kein Teil des Werks darf in irgendeiner
Form (Druck, Fotokopie, Mikrofilm oder in einem anderen Ver-
fahren) ohne schriftliche Genehmigung des Verlags reprodu-
ziert oder unter Verwendung elektronischer Systeme verarbei-
tet, vervielfältigt oder verbreitet werden.

2. Auflage
© REKRU-TIER GmbH 2014 – All Rights Reserved

www.ingramcontent.com/pod-product-compliance
Lightning Source LLC
Chambersburg PA
CBHW070818210326
41520CB00011B/2010

* 9 7 8 3 9 4 1 4 1 2 3 8 5 *